Αίλουρος

Елена Сунцова

НЕСБЫЛОТНИК

Ailuros Publishing
New York
2016

Подписано в печать 8 декабря 2016 года.

Nesbylotnik
Poems by Elena Suntsova
Ailuros Publishing, New York, USA
www.elenasuntsova.com

Copyright © 2016 by Elena Suntsova, text and cover photo.
All rights reserved.

ISBN 978-1-938781-45-2

***

Вернись ко мне молчание
Ты вновь ликуешь ниц
Пробоина звучания
Тень облака вернись

И я поверю радости
Горошиной катнусь
К пределам несуразности
Тьме голоса вернусь

Какая ни была бы там
Желанная стезя
Не ветер что обгладывал
А путь узнать нельзя

Так хищных лап подушечки
Касаются едва
И кружится и кружится
Кружится голова

***

Чтобы облако клубилось,
На само себя дробилось,
Волновалось, пело, снилось,
Дай мне голос, эта милость,

Эта малость чтобы рьяно
Муку в солнце растворяла,
Рыбкой-радугой ныряла
В синеву и сталь, упряма,

Чтобы струнки, чтобы, лаком,
Ветерок в трубе заплакал,
Застонал упавшим злаком,
Округлился чтобы лайком,

До измены ли, до нитки,
До самой себя в избытке,
Чтобы звал, потом покинул,
Чтобы хлынул, хлынул, хлынул.

***

Я заживаю, ну, то есть, жить начинаю,
Долго ли это продлится, пока не знаю,
Я так давно уже холодом всё бываю,
Я замираю, словом, переживаю,

Пережидаю. Ты солнце, ты снова в склянке,
В бабочке бархатной, в сморщившейся жестянке,
В дачной тогдашней невыполонной делянке,
На опрокинутой вымазанной стремянке,

Светишь. А я на ноге одной, цапля будто,
Я балансирую, видишь, цветет минута,
Я в сапожок прохудившийся сна обута,
Я выгораю, как выпитая цикута,

Смертна. Ты сыплешь за шиворот града гречку,
Ты замираешь, пособница, бесконечно
Ты меня кормишь тем городом, той же речью,
В окнах мигаешь навыворот то картечью,

То синевой. Я повержена, дай не сбыться,
Я уже так сбылась, что хочу забыться,
Сгинуть, уйти, исчезнуть и раствориться,
Как в небе утреннем плавает голубица,

Горлица. Ты мой огарок, мое хотенье,
Самое точное из моих мечт моленье,
Ты это я. Небывалое оперенье.
Вот и вспорхнула. И слышится пенье, пенье.

***

Ты тлела напрасно чтоб чувствовать жмых
И чтобы зародыш спасти
Но если не можешь оттуда уйти
Тогда оставайся в живых

Сквозь самые южные страшные два
Созвездья навеки стезя
Опомнись ужасен тот снег и нельзя
Там было и будет тюрьма

Кружась и целуя не ложь остранив
Придумала родинку ты
И длясь и воркуя подземной Инты
Напрасно продернула шкив

Рассыпались камни разбилось окно
Застыл на корме рулевой
Уймись никогда не вернешься домой
Но вызрело вроде пшено

Смотри задыхаясь как корчится луч
Он падает прямо на грудь
И сердце китайскою пыткой забудь
Как солнце глядит из-за туч

Так ранят бумагой рассвета того
Кто сам по природе раним
И ты зареклась быть когда-нибудь с ним
Похожим на сон от него

***

Каких бы объятий ни стоил мне
Признаю помимо лет
Хранивших меня в обручальном сне
Был бережным мой ответ

Всё было и влажный песок и даль
Оглохнув переживу
Ни слова не вымолвив никогда
Покоя не смяв траву

О чем же ты хочешь сказать теперь
Когда ни песка ни сна
И ты устарела как буква еръ
Но кровоточит весна

И беден язык претворять устав
Те камни в поющих птиц
Которых попробуй летать заставь
Откажутся нет все ниц

Так зреет вино так отводит взгляд
Пикируя альбатрос
И лузы пустые горят горят
Как этот сгорел вопрос

***

В теплых округлых краях
Амфоры зреет восток
В неба пробоину ляг
И не заметишь росток

Утра где наш поцелуй
Держит себя про запас
И я не помнила струй
Свет бы в которых не гас

Не нарастала бы тьма
Снег бы короткий не лег
Не окружала сурьма
Нежности тот фитилек

И возражая в ответ
Овладевая собой
Я бы вернула билет
Как возвращает прибой

Стеклышки камешки рай
Ракушки ад черепки
Хочешь погибнуть спасай
Хочешь спасенья теки

***

О том как мы были тогда одни
И не покладая рук
Кирпичик к кирпичику клали дни
Напомнит тебе фейсбук

О том как мой голос звенел и звал
Сияние как цедил
Рассвет сквозь расщелину одеял
А сон всё не уходил

Как я окружала тебя собой
Так мелом обводят знак
Как старых часов запоздалый бой
Был сердцем моим и как

Я думала что не вернусь что мне
Заказан тот путь теперь
И как оказалась на самом дне
И снова открыла дверь

По-прежнему утро ласкает глаз
Подсматривает игру
Плакат на стене обожая нас
Срываю его беру

Пускай самокруткой из рук твоих
В мои прилетят огни
И вспыхнет пропущенных лет дневник
Где были с тобой одни

***

Эту нежность не избыть
Только голосу доверить
Ветер свеж и настежь двери
Эти ставни не закрыть

Этих глаз не избежать
Сердца этого не вынуть
И отравленной навылет
Этой тенью не лежать

Этим буквам не судить
Леонидам в руки падать
Пузырьками лимонада
Этот жар не остудить

Сон не выветрить не сдать
На хранение живое
Что во тьме вниз головою
Снова пробует летать

***

Словно русалка
Пламя во сне рожаю
Мне тебя жалко
Я тебя обожаю

Ты половинка
Солнца хитросплетенья
К раю тропинка
На алтаре цветенья

Дыма чешуйка
В полуоткрытой юшке
Дай попрошу-ка
Ты уж прости зверюшке

Выйди на берег
Рыжей моей сестричкой
Вспомни лимерик
Чиркни голодной спичкой

Чтобы объятья
Стали донельзя жарки
Ну а заклятья
Как воровские шапки

Просто сгорели
Будто и не бывали
Только согрели
Только поцеловали

***

Эти огни погаснут
Тихо идущий рядом
Мир погрузится в басму
Станет невероятным

И на тебя мой птенчик
Маятник мой звоночек
Легонький мой бубенчик
Ласковый мой комочек

Полночь лесная прыгнет
Жарко дыша задушит
Спину объятью выгнет
Петлю затянет туже

Так молодым созвездьем
Сна паутинка тает
И несгоревшим ведьмам
Снадобья не хватает

Мой олененок робкий
Просто иди как осень
Шла по канату кромке
И никого не бойся

***

Оставь его поверх скитания навек
Двум донышкам сиять двум стеклышкам росы
Одно переверни и виден человек
Другое положи на старые весы

Так перышку упасть в компании своих
И падая кружась в замедленном не там
Растерянный в конце не сдерживая крик
Который подошел бы перышек хребтам

Нанизывая хруст пронизывая горб
Молчи иди назад запутавшись в корнях
Как в ужасе молчит рассвета долгий хор
И тень мне говорит что дело не в тенях

Не в панцире родства не в смехе фонарей
Не в птице что гнездо на дереве совьет
А в голеньком птенце вскорми его согрей
И выучится петь и пухом обрастет

***

Вечер согрелся
Выдался длинным
Солнце на рельсах
Насыпь из глины

Мы заблудились
Нас не отыщут
Прочь уходили
В поисках пищи

Тела поимка
Облака плева
Белая дымка
Здесь мне налево

Трассы осколок
Ночи уголья
И тот же голод
Те же угодья

Выстужен нежен
Словно овчина
Ты неизбежен
Это причина

***

Никогда не пей с вомбатом
Капибару отстрани
Друг за другом брат за братом
Перепьют тебя они

Ветер взвоет тьма зарыщет
Шип вонзится лютых ор
Кто взалкал нетвердой пищи
Знает близок приговор

Если чуду ты поверил
То оно тебя найдет
Берегись лесные звери
На охоту мышь идет

Из гурьбы лабораторий
Блеска скальпелей резных
И из склянок спирт в которых
Просто истина не в них

А вомбат и капибара
Дотянувши до утра
Скажут хватит нам угара
И прости меня сестра

***

Дорогое и щекотное
За шиворот возьму
Я пушистое животное
Когтями разорву

И победу беспощадную
С улыбкою узрю
И оскомину печатную
Охотно заборю

Украшает степь пустынную
Хорошенький манул
И тоска идет с повинною
Не сдавливая скул

Хрупкой птички злое ребрышко
Петлей перехвачу
Плоскодонное суденышко
Волнами растопчу

Золотые очи милые
Всё-всё вам расскажу
И животное любимое
За ушком почешу

***

Мне снова близок пешеход
Несущий в амфоре печаль
Он всё идет он всё несет
Как бы внутри ни верещал

Как ни противился б ондатр
Зажатый в трепетных руках
Лишь богу ведомо куда
Рок повлечет его лукав

Но никуда он не идет
Сидит у лысого окна
Он опасается невзгод
Что могут вывалиться на

Его главу и рук венец
С ондатром амфору разбить
Не человек ондатр пловец
Он поплывет а что б не плыть

Что б не идти забытой вдоль
Реки не чудиться поверх
И разжимается ладонь
И в темноту ныряет зверь

***

Как розовый закат,
Как частной жизни плен
Во тьму уносят Кать,
Оправдывая Лен,

Так буковка спешит
Себя заговорить,
Чудна́я, ворожит,
Натягивая нить,

Как бархатная мгла
Зажмуренного рта
К тебе уже пришла,
И ты уже не там,

Не ты, так кренделя
Чужого языка,
Вас нежа и деля,
Разведывают, как

Впечатанный в ладонь,
Окатанный водой —
Его легонько тронь,
И вздыбится бедой —

Твой камешек сполна,
Так будет что делить,
Так новая весна
Ушедшей повторить

Не в силах вещество,
Но вновь царит закат,
Лен кротких волшебство
Во тьму уносит Кать,

И падает слеза
Ледышкой на бегу,
И снегопада залп
Уже коснулся губ,

Уже проснулись те,
Кто имя дал словам,
Как пламя на плите,
Как зарево лаванд

На четной стороне
Гранитных берегов,
Где ты идешь ко мне,
Не ведая врагов,

Не ведая меня,
Не чая ничего,
Лишь ложечкой звеня
И пробуя его.

***

Я ветер, летаю,
Но, пряди коснувшись
Огня, проникаю
Туда, где, вернувшись,
Опять возникаю,
И шиворот вето
Послушно глотаю,
Мне нравится это.

Взови же, напомни
И снова угасни,
Всеведущий, омни,
Продольный, опасный,
В тебе растворяясь,
Тобой торжествую,
Но, в вихре теряясь,
Я вижу, в какую

Ввергалась пучину,
И зона комфорта
Всего лишь личина,
Приманка, аорта,
А ты, как фонтаны,
Течешь, незаметен,
Слепой, богоданный,
Мной созданный ветер.

***

Что-то чудное долго над
Бледным городом ал закат
Растворяет хали-хало
В темном небе ожог гало

Кто-то входит в холодный дом
Помнит запах ее духов
Облака как омар хвостом
Машут солнышко был таков

Где-то серое поле плач
И старуха бредет в снегу
Ты не бойся и помни прячь
Я же прячу и я бегу

***

Укрыться за листьями вплавь
Добраться до острова где
Вновь ветви прошепчут оставь
Листвой отразиться в воде

И долго сидеть у костра
Который успел догореть
И твердую как кобура
Враждебную землю согреть

Но в дымчатый серый рассвет
Опять превращается рысь
Как будто в пробоинах лет
Вдруг заново звезды сошлись

И ты не охотник не царь
Вот этих забытых болот
А просто усталый квазар
Сиянием впившийся в плоть

***

Если услышишь снег
Или увидишь вдруг
Тянущийся поверх
Зрения зов из рук

Не отвечай не слышь
Не шелохнись не видь
Вообрази что мышь
В бункере норки спит

Снится ей гор оскал
Озеро в нем вода
Если плеснуть в бокал
Так опьянит что да

Может вернуться слух
Так замыкают цепь
Из оголенных двух
Струнок увидя цель

Так убегают прочь
Тянутся по земле
Едким дымком точь-в-точь
Пачкаются в золе

Но наступает день
Или приходит кот
Или в родной воде
Рыба светясь плывет

***

Я пью за бессонные лайки,
За ниточку северной лайкры,
За хруст ноздреватый законный,
За шелест огня заоконный,

За комнаты юных соседей,
За мы никогда не приедем,
За сухость пайкового яда,
За эту арбу винограда,

Желток завершенный мимозы,
В который впиваются осы,
Сок южный сосут постоянно,
Пока не причалит «Мояна»

К щербатому горькому спуску,
Я пью, и устам на закуску
Растет, безразлична до крова,
Пятнистая горе-корова,

Слезясь пармезаном на память,
На это бы только не ранить,
Мычит, и вина благородна,
И дикая роза бесплодна.

***

Воздух лег спать,
Не замечая,
Что умыкать
Стоит, прощая,

Тех, кто во тьму
Лег, не заметив,
Видно, ему
Нравился ветер,

Обморок, тлен,
Птица, огарок,
Ацетилен
Тусклый, неярок,

Исподволь шил,
Изморось раня,
Но перебил,
Грива сквозная,

Пыль тормозя,
Вволю окурки,
Вот и стезя,
Пыл ее гулкий,

Порох, порхать,
Прянуть, сгорая,
Или упасть
В панцире рая.

***

Ветер огню сродни
Пальцы ему не греть
Но остается в них
Горстка тепла гореть

Так покидают клеть
В искорках золотых
Их уже не стереть
Не обеспечить тыл

Так разрывает язь
Силой тугую сеть
В темной воде светясь
Но не смотри смотреть

Будем с тобой потом
Скоро затихнет плеск
И ледяным пластом
В озеро ляжет лес

***

Беги от радости, беги,
Как от охотника олень,
Угрюмый морок береги,
Лучей снопы преодолей,

Лишь одиночество и тьма
Твои сторонники одни,
Муть, разнобой и кутерьма,
Гони надежду прочь, гони.

Земля сыра, и воздух волгл,
Как будто кто-то вне земли,
Кто нынче добр, назавтра зол,
Тебе потворствует, внемли,

Кивай туману и тоске,
Распространившимся вокруг,
Качайся пуговкой в руке,
Других теперь не сыщешь рук.

Смурные дни перебирать,
Как песик лапами во сне,
Ты обречен, и не играть
Со снегом, если будет снег,

И парусины тюк тугой
Не развернется, трепеща,
Никто не вышлет за тобой
Героя шпаги и плаща.

Но может быть... Не может быть,
Изучен свиток и изъят,
Доносит ветер зов трубы,
Поди, давно уже трубят,

Застынь росою на виске,
В стогу соломиной, умен,
Так замирает зверь в броске
Навстречу жизни, ослеплен.

***

Это воспоминание гаснет рано
И горит в то же время звездой экрана
Это видимо глупо и в общем странно
Но смотри это титры а где же рана

Было сказано в спойлере что на части
Разбивается зеркало значит счастья
Так примета пугает семь лет не будет
Кто в осколки посмотрит тот не забудет

Как летели огни трепеща навстречу
Как с лучами рассвета кончался вечер
Торопя пораженье провал погоню
Я должна это помнить но я не помню

Прокляну эту память хвачу с размаху
Обниму тебя буду смеяться ахну
В тени света и тьмы в этот раз влюбилась
Не заметив что лента остановилась

***

Да здравствует приманка
Былые рубежи
Темнеют как изнанка
Но здравствуют свежи

В той памяти неяркой
Ее не обмануть
Тушуются помаркой
Не скрадывают путь

Он музыкой раскован
Цветы в его руках
Смеются бестолково
И весело искать

Загаданное слово
Дождавшееся дня
В котором вспыхну снова
Раз он нашел меня

***

Есть только эти искры
Видишь летят летят
Гасят былые смыслы
И утонуть хотят

В омуте мирных самых
Чудящихся смолой
Юных лучах Кассандры
Радуются живой

Тот огонек беспечный
Ранящий взглядом в кровь
И невдомек что встречу
Может быть ту любовь

Я ей скажу зачем же
Ты меня предала
Ты холодна как Чежин
Так же прекрасна зла

Но не услышат пени
Возгласы и мольбы
Легкие эти тени
Вырвавшейся судьбы

Даст она прикурить им
И усмехнувшись хлыст
Махом разрежет нити
Только лишь слышен свист

Кто-то в туманной дальней
Вылущенной стране
Дудочку сжег в строгальне
Пепел достался мне

***

Ветер порывами с севера
Видно еще не достиг
Цели и бьет неуверенно
Вот на мгновение стих

Эта услада не сварена
Ягоды чуешь горчат
Город окутает маревом
В норы загонит зайчат

Лютый как зверь то набросится
Смутные сны разорвав
Рама окна перекосится
И не согреет рукав

То присмирев и насытившись
К розовой тапке прильнет
Весь не опаснее вытяжки
Больше не нужен полет

Нужен он этому ржавому
Флюгеру слева в груди
Так посильнее пожалуйста
И не жалей береди

***

Голодный воздух сентября
Горчит как на воротнике
Слеза горчила не моя
И я обрадуюсь за кем

Он ныне гонится о ком
Молчит о чем не догадав
Несочетаемым платком
Кого сочтет не завязав

Себе на память узелка
И я его вдыхая жду
То ледяного уголька
Чье место жительства в аду

То легкой влаги на лице
Так насыщает землю дождь
И ты укутавшийся цел
По белым камешкам идешь

***

Умрет дорогая тьма
Не в силах себе пенять
Натянется тетива
Которую обонять

Привычнее чем Рикель
Что в карго нашла покой
И я заложу картель
Побрезговав тетивой

Я выучу фут и ярд
Где правильный окулист
Который как говорят
Вручает очки за свист

И тот ледяной огонь
Зажжется в твоих глазах
И я различу любовь
И я не узнаю знак

***

Говорила с погодой подолгу, бывала плавной,
Возникала в рассеянном мороке будто Анной,
Упрекала, скорбя невзначай, целовала Леной,
Брови сдвинув, фырчала на озеро, ойкнув пеной,

Ничего, совершенно, вот именно, не заметив,
Рассыпалась пред Леной наверное кем-то третьим,
И ни разу, ни вздохом, ни обликом, ни фонтаном
Не юлила, что быть не способна никем, как Анной,

Как ушибленной утром гардиной несчетной Леной,
Поднималась и шла, пожимая плечом, и темой
Не исчерпывалась, и бросалась под сон, как Анна,
Ослепительна, зла и нежна, холодна, бесправна.

***

О том кто не потерян навсегда
Струит поток безмолвная вода
И даже если этому черед
Она струит и камешки несет

Какое наслаждение волне
Приняв отбросить памяти вовне
Накатанные было рубежи
И вот они проносятся свежи

Не ведая ни грамма ни о чем
Вернее миллилитра палачом
Река не договаривалась быть
Ну разве только прошлое избыть

И вот оно течет давай сюда
Здесь самая прозрачная слюда
И кто-то пьет без закуси взахлеб
Поскольку дни и ночи греб и греб

***

Ловись, копченая плотва,
Лоснись своей спиной,
И пусть луженая Москва
Останется Москвой,

Где дочь аптекаря, увы,
Вновь правду прокричит,
И мертвых бабочек узлы
Конвой проволочит,

И месяц звонкий, белокож,
Свой любопытный нос
Вонзит опять, щербатый нож,
В голодный этот мозг.

Катись, катись, как шерсти ком,
Что комнатной лисой
Ждет под кроватью, а щекой,
Весь рыж и невесом,

О ногу трется, и язык
Высовывает — жар,
И прижимается впритык,
Сам по природе шар.

Ловись на капельку золы,
На памятников медь,
На неуплаченный калым,
На можешь не смотреть,

И возвращаются слова,
Как перышко в Тироль,
И на плече твоем листва,
И порох вновь сырой.

***

Я сперва на воду дую
Капюшоном скрыв лицо
Ну а позже вхолостую
Заряжаю ружьецо

И потом еще украдкой
По ночам в любимый шкаф
Пробираюсь за тетрадкой
Горстку времени украв

И пугливо оглянувшись
Строки юркие строчу
С полнотой перемигнувшись
Бытия я не хочу

Чтобы радость затолкала
Как в трамвае до кости
Чтобы боль перевирала
То что хочется спасти

Просто счастье разрушает
Что несчастье не смогло
Не смогло и утешает
Этой жидкости стекло

***

В ниточке тьмы растворяется
Моря любимый фриланс
Струнка сначала натянется
Ну а потом наподдаст

И обезумевший скрученный
Ветра былой кутерьмой
Тает рукав незасученный
Выбелен сдавшейся тьмой

Это такое движение
Морю куда там планет
Морок и тот украшение
Сопоставления нет

Нет возлежанию в полости
Млечных дурманящих звезд
Я присягнула и вскорости
Каждый из нас присягнет

Если потянет за тонкую
Непредставимую нить
И ощутит перепонкою
Жажду фриланс растворить

***

Хтонь охватная подножная труха
Украдешь и громыхает чепуха
Стоп зозуля сыпать оторопь вдали
Лучше эту балаболочку растли

Прикажи ей на аквариум глядеть
Ото дня веселый обморочный день
Если б раньше догадалась приказать
Неповадно было б рыжей убежать

Ветер сеет впопыхах в ту землю лег
Вместе с рожью бесполезный василек
Остролистный и обрызганный росой
Перепуганный как сказочный косой

***

Где горячка и улыбка
Тесной пуговкой свербя
Плавят лето и ошибка
Утыкается в тебя

Глянь направо песнь поется
Влево басня ручейком
Кто слезою обовьется
Белой жалости кругом

Всё тебе клочок растенья
Что оставят зимовать
И до щучьего хотенья
Солнцу будет исполать

Никогда не верь началу
Мир торопится тугой
К допотопному причалу
Ближе ближе дорогой

***

Я выбрала себе такую темноту
Такую черноту что даже ад лихой
Предъявленный за что колдунью ли за ту
Покажется собой окажется с лихвой

Как ты однажды мне на пиршестве моем
На том что было апогея апогей
Ликуя и любя роняя мы вдвоем
Единственная тень в той радуге теней

Но я не знала что способна повторить
И эту пальцев дрожь и буквы на весу
Что снова ты сгоришь и я обрежу нить
Летящую меж скал как морок Рычал-Су

***

Он и черен и глазаст
Он нам солнца не отдаст
Верим мы заключено
В этом тельце то пшено

Плоть которого клюя
Растворилась и моя
И твоя подвергнув сну
Ночь плетеная антр ну

И явления следы
Выше солнца высоты
Хвост чернее чугунка
Всеохватней точка кам

Небо странное с утра
То подсветит как вчера
Строки страха то прольет
Свет на тот где переплет

Треснул надвое почто
Видно здесь прошелся кто
Пастью розовой зевуч
Пусть же щурится на луч

Так стрелу вонзает тот
То ли рыцарь то ли кот
Когти выпустив во тьму
И тебя я никому

***

Сердце выжато вот на ладони
Остывающим комом дрожит
А сухая тревога долдонит
И рассветом в тумане першит

Что же ты приходи объясниться
В липком воздухе вязких столиц
Нечем будет теперь разозлиться
Сон укутывать в едкую слизь

Кто осмелился цапнуть приманку
Обречен у любви на глазах
Ковырять задубевшую ранку
В желтоватые корни влезать

Обрастая землею ветвями
Чтобы вновь распуститься гляди
Набирающим силу медвяным
Алым шаром в случайной груди

***

До нового цветенья
Которого всё нет
Спи корочка растенья
Еще увидишь свет

Где трубочка сухая
Что выдует тебя
Колышется не зная
Чью ягоду лепя

Так ласковую пряжу
Травинки на лету
Огонь объятьем свяжет
Оставив черноту

И снова на исходе
Забвенья и золы
Качнутся эти грозди
Пьянящи и смуглы

***

Один на один со столбом
Что вырос из этой земли
Послушай не столб это дом
Всю ночь паутину плели

Собравшись в лохматый комок
Манхэттенские пауки
И если существенен бог
То мне не хватило руки

Чтоб снова глаза заслонить
И мухой представить себя
И муку навеки продлить
Железную стену скребя

И снова одна за одной
Зарницы ткут горестный миф
Который придет за тобой
Чужую природу простив

***

Из легкого ужаса соли по горло
Ты можешь рождаться кем будет угодно
Сиянием мир заливая вокруг
Но ты не посмела не выдумать рук

Из сахара столбика тени улыбки
Куда тебя вынесет пена ошибки
О снах и объятьях о первой войне
Вольна ты но помни обязана мне

Из мускуса той кабарги быстроногой
Извлечь до последней молекулы строгой
Что дымом растает удушит змеей
И только тогда разрешу тебе пой

***

Ничего не срочно
Никогда не поздно
Главное чтоб ночью
Главное чтоб звезды

Знаешь только ночью
Можно быть счастливой
Замечать воочью
Юной торопливой

Искорки и пляски
Вечером украдкой
Щурятся в раскраске
Я взмахну тетрадкой

Далеко ты знаешь
Буковки заброшу
И тогда растаешь
Снова мой хороший

***

Я светом каменным мигну
И таю
Омаром крадучись по дну
Врастаю

В двух спин пророчество и яд
А после
Тот лупоглазый долгопят
И гвозди

Но рана старая простит
Чревата
Как незабытый алфавит
Где фа́та

Дробясь поверит что себя
Забыла
И плоть срастается любя
Всё было

***

За что бы еще мне простить тебя
За этот зеркальный дождь
За время которое нас губя
Растаяло ты похож

На самую главную глубину
И капли в нее скользя
Оставили только одну вину
Которой признать нельзя

Как холоден город как воздух строг
И паспорта снова нет
И вырос до облака тот порог
И голос молчит в ответ

И снова в сырую ночную тьму
Слетаются светляки
И цепь образуют и я ему
Шепчу улетай теки

Как все эти годы текла река
Текла для меня одной
И если простить не могу никак
Махну на вину рукой

***

Древние островитяне Тихого океана
Делали наколки с помощью обсидиана
А если растягивали шею во сне
Кутали ее в лечебное кашне

Себя бы убедить что где-то существует
Неясная эпоха которая нас будит
Снимем нагар и помянем пора
Давнего товарища он умер вчера

По этому кольцу обожженного гравия
Летел и был уверен что делал всё правильно
Кожа темнела прямо на глазах
Превращаясь из замшевой плоти в прах

Сумерки приблизились что ж быстренько лениво
Спохватимся исправим давай бывай счастливо
В утробе соленой как тот океан
Где вечно нерасколот в руке обсидиан

***

С этими последними коленцами
Где уж тут весну приворожить
Лишь бы распахнувшимися дверцами
Окружить обжаловать обжить

Строгие как эти изваяния
Выщербины каменные дней
Так смеясь срываешься в сияние
Заживо становишься грустней

Стреляная пусть ты перепелочка
Но еще шумит в осинах грай
И трепещет утреннее перышко
Вот и трепещи бывай играй

***

Убегаешь убегаешь
Никуда не убежишь
Только млечный сон ласкаешь
И от облака дрожишь

Это облако такое
Как ногтями по стеклу
Это озеро покоя
Вот и ухаешь во мглу

Не допрыгнет даже Бубка
Вязнет в призрачном снегу
Я бегу бегу и шубка
Распахнулась на бегу

Это чтобы неповадно
Было снова убегать
Это пятна леопарда
Раз два три четыре пять

***

Неспроста телефоны бьются
Как от ветра стекло дрожит
Так и умные эти блюдца
Неспособны запомнить жизнь

Жизнь горячая пахнет мятой
Растекается по столу
Вот с салфеткой стоишь измятой
Уподоблен тому стеклу

В этой дрожи забыв о ветре
И крошишься как тот экран
Как соломинка в чашке Петри
Сух замурзан и счастьем пьян

* * *

Отломилась цветущая ветка
И упала прервавшимся сном
Прямо на руки в клекоте ветра
В придыхании букв навесном

В стрекотании жести домашней
Как вполголоса тот разговор
На чердачной ладони вчерашней
Веницейских новехоньких штор

Всё сроднилось сплелось воедино
Нет и да ты и я там и тут
Вновь паденье весна победила
Видишь ангелы сети плетут

Обнимают ликуют над нею
Вьются ойкают да горячо
Пролетать по ночному хайвею
С загорелым рассвета плечом

***

Вот и августа яблоко полнится сном
Где опять мы с тобою вдвоем
Приложи ледяные ладони к вискам
Полюбуйся на этот оскал

Желтоватой подъеденной сверху луны
Жаль не видно с какой стороны
Теплым дымчатым шаром укатится вбок
И животным свернется у ног

Так легко и спокойно на этом ветру
Падать навзничь крошащимся хрум
Переспелым тугим и так нравится нам
Целовать разошедшийся шрам

***

Там шелк небывалый немного подрагивал
А ветер такой был на этом кораблике
Что снасти стрекочут и пляшет Лажечников
И тихо Беляночка с Розочкой шепчутся

Скажи дорогая подруга-посадница
Кто лайкает так кто действительно нравится
Кто Бронксу оставил архивы подводные
Сожженные тени стихи подколодные

Скажу не лететь в этом кафельном облаке
В котором огромно стозевно и обло и
Как мы взявшись за руки тонет с улыбкою
Чудовище-юдо не поймано зыбкою

***

Ты будешь таким как во сне
Ты будешь похожим на снег
Блистателен холоден юн
Как Сирин и как Гамаюн

Все райские твари в одной
Невиннейшей клетке грудной
И вновь будет март и манкурт
Чернее тебя Петербург

Так падают хлопья кружа
Ключа рассыпается ржа
И тает во сне самолет
И льдинки Жар-Птица клюет

***

На улицу на воздух
Где ночь в горячих звездах
Там спелые литые
Трудяги золотые

Во тьме сверкнули когти
Прохожий вздыбил локти
Раз ночью двадцать девять
Попробую посеять

Как Василиса в сказке
Озон упрямый вязкий
Пусть рыжее сжигает
Серебряный пергамент

О нем жары горилла
Со мной заговорила
Вот-вот скелетик хрустнет
Терзая ну допустим

Все тяжесть нежность эти
Лап карту бьет рассвет и
Вздыхает ты живая
И вторит смог сгорая

***

Как ушла я как бежала
Словно змейка без хвоста
Пресмыкаясь пряча жало
Обижалась но не там

Не такого ждет пожара
Посетитель Carib Zoo
Поседела капибара
Отчего вам не скажу

И назло чужим объятьям
Мы обнимемся с тобой
И не буду объяснять я
Ничего любимый мой

***

Неба жадная просфора
Ты таишь дыханье споро
Так за хвостик ловят вора
Лета кончится не скоро

Каждый день она украдкой
Ночью слезы проливает
Каждый вечер белой лапкой
Вор усищи умывает

Что принес он рыбку травку
Книжку маечку носочек
Стихотворную поправку
Незалоченный айфончик

Все секреты все описки
Налицо все излиянья
В самом-самом черном списке
Для чужого покаянья

***

Тебе сто лет и влажность шестьдесят
И ангелы как уточки летят
И только шаг до будущей зимы
В которую провалимся не мы

Стоит на задних лапках сурикат
Как знак вопроса нет пути назад
Но может быть и нет пути вперед
Кто этих сурикатов разберет

А ангелы по-прежнему свежи
Свободны от беспамятства и лжи
Так радуется писку тот кто глух
И нет конца падению старух

***

Вот дождь он кусает подумав
Безвольную руку мою
На темя горячее дунув
Надеется что-то спою

И августа влажные плечи
Окажутся живы тогда
Но эту болезнь не излечишь
Так пусть растерзает вода

Пусть капля за каплей вопьется
Вспотеет окна плексиглас
К гортани рука прикоснется
И станет похоже на нас

***

Жива и тут осечка
Нет милости для спящей
Искусственная свечка
Живее настоящей

Живее чем пожара
Хлопо́к чем ночи хло́пок
Белей круглее шара
Черней и тает копоть

Покуда ты молчала
Последний порох высох
Лиха беда начало
И сон тебе как выстрел

***

Этим небом на паркете
Нарисованным не мной
А дождем летящим этим
Этим морем мглой ночной

Пусть стучит ладошка Морзе
Колет щепка мокнет SOS
В глубине тугого ворса
Не отыщется матрос

Двери жадному июлю
Что пустому янтарю
Намалюю отвоюю
Отпою и отворю

***

Дно северной реки подбито льдом,
Как старая кровать подбита льном,
И эта стенография опять
Диктует, что мне рано засыпать.

Что я еще не выслушала то,
Что станет воплощением потом
Того, что даже старая река
Вобрать смутилась в эти берега.

Два сердца в двух ладонях у одной
Богини легконогой и смешной,
Держащей на руках и лен, и лед,
И слово, что вот-вот произойдет.

***

Пока летит несчастный фунт,
Чужих лишаясь унт,
Пока бумаги бритты жгут
И пенни берегут,

Брегет звонит: курлы, курлы,
Данайские дары,
Над морем кружатся орлы,
Не выйти из игры.

Искрит и пенится крюшон,
И Робин Капюшон,
Как никогда, заворожен
Кукушкою, взбешен,

И утыкается стрела
В гладь круглого ствола,
И леди вздрагивает, зла,
В оправе из стекла.

Я зашнуровываю кед,
Беру велосипед,
Хочу попробовать обет
И выхолить скелет,

Лечу по улицам пустым,
Идущим вдоль воды,
Где от заката золотым
Огнем горят кусты.

И ветер носит утлый крик
Упрямой, напрямик,
Тяжелой дичи, и кулик
Рождает мой двойник,

И он брыкается в снегу,
Классический табун,
Вечерний благостный бегун
На этом берегу.

Так мир раскалывается,
Как скорлупа яйца,
Так в поте аверса лица
Пыль реверса, пыльца

Бесшумно дышит надо мной,
Как моря гул сплошной,
Волна спрягается с волной,
И фунт всему виной.

***

Как падает небо в огромный
Горячий ушат дождевой,
Как ветер прощается с кровлей
В надежде вернуться домой,

Так братьям рассвету и югу,
На солнце горя и слепя,
Покажется, верным друг другу,
Что снова забыли тебя.

***

Ты усни не отвечай
Я скажу тебе прощай
Так смешно и глупо так
Круглый катится пятак

Если хочешь то поверь
Брось напрасно в эту дверь
Что прозрачна и легка
Уголек из молока

Молоко течет из ран
Нам невидимых гляди
Закрывают ресторан
Всё течет не уходи

***

Разъедутся бархатными ушами
Светить чтобы смелые как Варшава
Не свидятся в лимбе белы мышами
Ожог их утешит и окружала

Февраль полустанок белы запястья
Спешила припомнить признать заклясть я
Хрустела беспомощно гасла форма
Мелодию знала спела́ валторна

Распахнуты новые двери настежь
Сквозняк и туман погоди ненастье ж
Ничью нестихию мне ныне застишь
И только с тобой это угораздишь

***

Так город будет рад
Запомнить и ответить
И боли маскхалат
Сорвет студеный ветер

И камень и вода
Любовь и верность чуду
Промолвят лишь ну да
Сотрут спеша простуду

Но голос будет чист
Ларец тот самый полон
Кто выронил ключи
Того укроет гомон

Летящей на отвес
И снова опоздавшей
Тяжелой стаи блеск
Гнездо без боя сдавшей

***

Свет утра, сложен из
Брызг луковых головок,
На донышке повис,
И сон еще так ломок,

Так робок шаг ничей,
Так выдуман опасно,
Боится, как лучей
Подсолнечное масло,

Пусть кисточка холста,
Который, загрунтован,
Сияет, и летать,
Латать его готова.

***

Четыре минуты экранного времени
Поправила шляпку запутался в стремени
Пусть память послушно до шепота высохнет
Тоска острозубую мордочку высунет

Смотри до конца уверяй что почувствовал
Изъян поначалу где верилось в чудо вам
Где листья цвели на асфальте замызганном
И зов хорохорясь прикинулся вызовом

Он жив и бежит анфиладой двоящейся
Уронит платочек еще раз изящней а
Слезинку погуще но в титрах нет имени
Прости меня вспомни меня и прости меня

***

Сердце стукнет и вспомнит рука
Снежура там густая шуга
Холодок на запястье твоем
Все часы убежали прием

В бывшем доме остывшем почти
На полатях вверху на печи
Кто-то маленький ходит окрест
И сушеные яблоки ест

Если встретимся талой весной
Буду тем кто в утробе лесной
На двоих разделенный пока
Спит и дышит и помнит рука

***

Волна волне тверда твердит
Живые мы сполна
И этот белый алфавит
Еще дождется сна

Кружась как хлопья в тишине
И озеро в блесне
Осядет камешком в пшене
Пробоиной во сне

Дождется крадущихся рук
Холеных берегов
Времен где слово будет друг
Где сон из рук врагов

Где новый выучив язык
С ненужными ему
Листами сотен тысяч книг
Я сон за сон приму

***

Испанка я иль нет
И в горлышко стилет
Зачем же ты молчал
Я знаю оконча

Мороженой хурмой
Тех щек пора домой
Мигают и горят
Слова что ныне яд

Ну где же ты ответь
Я снова буду петь
И холод навсегда
И очень благода

***

Лепесток шиповника как выпавшее сердце
На земле растрескавшейся весело горит
Жизнь такая щедрая что в ней совсем как в Греции
Будет всё огонь и вновь огонь и раз два три

И когда стреляли в наши окна те солдаты
Приходилось ползать по квартире чтобы жить
Я и домочадцы мы ни в чем не виноваты
Выпустите нас но были немы этажи

Нет никто не сжалился вот мы в библиотеках
В погребах убежищах подвалах чердаках
Всё еще сидим и истлевая слышим эхо
Нимфу в удивительных нарядах и цветах

Быт однообразен наши дети ненавидели
Нас и по ночам когда мы спали рыли ход
Но метаморфоза недостойная Овидия
Совершилась сердце их поймет и расцветет

***

Летяга-маечка очерчивает дых
И снова маешься в носочках шерстяных
Поговорили и догадки стерли в прах
Лоскутья крыльев на непомнящих руках

А ночь всё та же сумасшедшие авто
По меткой блажи опрокидывают то
Как елку кошка для чего затеян был
Не понарошку разговор уже остыл

Уметь карабкаться вперед за слоем слой
Прощаться радоваться в пахнущий халвой
Вчерашний день где мы молчим упрямо лезть
Зачем затем что там живая эта шерсть

***

Наутро какого-то дня
Проснувшись увидишь меня
И сердце забьется не так
Хотя оно биться мастак

Ему бы огневкой-лисой
Бургундской румяной слезой
Наметанный радовать глаз
Так пепел еще не Клаас

Запнуться но выровнять шаг
Дыша понемногу бежать
Травинки луща на ходу
Сон сбудется я не приду

***

Я верила стихи изменят что-то
Есть птицы позатейливей мотмота
Хотя представить сложно ну и пусть
Царевной вспыхну жабой обернусь

На шее будет ловкая бархотка
В руках синица волны вспенит лодка
Уложены провизия багаж
Сам океан ты веришь будет наш

По льду новорожденному спеша я
Достигну наконец опустошая
Слова я им пойду наперерез
О ужас это правда слышишь треск

***

Если спуститься до самого дна,
Лифтом ли, мысью по древу и вниз,
Тоже поморщишься: вновь не она,
Прячется где-то лукавица жизнь.

В чьих-то руках, как летучая мышь,
Лапами кверху хихикает всласть,
Что ты куражишься, помнишь, искришь,
Не по тебе забубенная масть.

Ну, а вот это вот самое дно,
Комья и крупка последнего дня,
Разве не напоминают вино,
Выпившее и тебя, и меня.

Хватит, в бреду, забытьи говорю,
И, потакая ему и спеша,
Тут же касается горла, и сплю,
Дышит, легко и проворно, душа.

***

Я не знаю помогло
Или так хвостом махало
Как с тобою отлегло
До того не отлегало

Ветер сушит кожуру
Размягчает тут же шкурку
Как цветы любимой фру
Дарит прошлое окурку

Был округл и снежно-бел
Свернут лихо ароматен
И совсем совсем совсем
Без каких-нибудь там вмятин

***

Замыкая мрак дверной
Та дыра в кармане вертком
Снова балуется мной
Небо навзничь над Нью-Йорком

Год искромсанный тобой
Счет ноль-ноль ошибка снова
И опять уходит боль
Как вода в песок и слово

В кожу черствую листов
В ледяной уют свеченья
Ноутбука и восторг
Избегает прирученья

***

Насчет того что память это ложь
Что вспомнишь только руки обожжешь
И вот они не могут обнимать
Не надо и пытаться вспоминать

Какой-то ненормально крупный снег
Весенний неоконченный журфак
И реку холоднейшую из рек
И холосто разыгранный спектакль

Но мне уже настолько всё равно
Что кажется колодезной перно
И вот она течет и тушит речь
Не надо не хочу давай гореть

***

Пусть городу снится снег,
И, теплая, снова я
Усну на его спине,
Так долго он ковылял,

Что взял, превратился в то,
Что на ухо шепчет мне,
Отряхивая пальто,
В беспаспортном легком дне

Везучий лукавый страж,
И я не проснусь, пока
Столичного утра гранж
Не взвоет издалека,

Где я на его плече,
Что хрупче птенца, дышу,
Как снегу, шепчу, зачем,
И руку его держу.

***

Ты думаешь кончится счет
Не жалуйся будет еще
Не зря же Эль-Ниньо течет
И именно в этом расчет

Что будет свежо и легко
Рабу проливать молоко
И рыбе плескаться и плыть
В жаровне наверное быть

А хорда прямая как мост
Сперва утыкается в ост
Теплее теплее горчит
Щебечет полста и чин-чин

***

Голос тринидадского мотмота кажется печальным,
Двусложный звук, который обычно издает
Эта непугливая тропическая птица,
Как бы задыхаясь в конце фразы,
«Гуту-гуту» или «хуту-хуту».

Самолет снижался, и небо сливалось с морем,
Становилось единой взвихренной неразберихой
Пены и облаков, пения и молчания,
В этой сияющей голубизне проклевывалась зелень гор,
Возникали очертания берегов острова.

Муравьи очень любят сладкое,
Вот они сообща утащили печенину
И за ночь не оставили от нее камня на камне,
А один попытался уволочь крошку шоколада
Больше себя, но победила крошка.

Тринидадский мотмот, как и все мотмоты,
Предпочитает охотиться с возвышенной присады,
Птицы почти всегда селятся парами,
Живут в одном месте всю жизнь, если их не тревожить,
Если их не тревожить.

***

Остался только свет
От падающей башни
Прошло так много лет
И всё уже неважно

Так желтеньких утят
С их робкими шагами
Спугни и улетят
Оказываясь нами

Полет ли постарел
Глядим не знаем сами
В те дырочки от стрел
Влюбленными глазами

***

Море выгнется, как парус,
Тени черные снастей
И тугой прибоя гарус,
Трепетанье лопастей

Бирюзу его разбудят,
Укачает желтый бот
И того, кто рядом будет,
И тебя, летун-мотмот.

Повторяй же, повторяй же
Вслед за пеной и волной:
Белым камешком отляжет
День солоноватый твой.

***

Звезды боятся взгляда
Падают в море с нами
Белые как котята
Скарборо ждет цунами

Рыб накорми печеньем
Птицу схвати когтями
Маленьким огорченьям
Верь а не то утянет

Невод забросит тот кто
Ночью зажег фонарик
Свет в темноте не тонет
Падает в море с нами

***

Облако звезды укрыло
Рваным большим одеялом
Спи как парчовая рыба
Плавай довольствуйся малым

Вот пузырьки Волопаса
И Змееносца осколок
Пусть на минуту погасла
Жди и появится снова

Около ртом огрубелым
Темным овалом приснится
Там наверху снежным белым
Сыплет зевает возница

***

Боль, как луна,
Слева к тебе придет.
Ты рождена
Пробовать этот лед.

Снова волна
Хочет тебя кусать.
Веришь ли, нам
Эту волну спасать.

Маленький ад,
Он навсегда в груди.
И Тринидад
Тоже, как я, притих.

Звезды молчат,
Штопор, судьба и штиль.
Ну же, ушат
Полон, не он один.

***

Холод его подруга
Вот он куснул за ухо
Вот распластался тапком
Кем бы он ни был лаком

Этот ожог и память
Если смогу добавить
Что-то прижаться щечкой
Но мимолетной дочкой

Холоду не хвалиться
За морем та синица
Или верней Снегурка
Пепел с его окурка

Жизнь его это книжка
Что ты ему так льстишь-то
Твердая запятая
Ну же вот-вот растает

Колыбельная северному гидрографу

I

Спи уже так поздно
Отчего б не спать
Вылупятся звезды
Ночь придет опять

Видишь я настала
Млечной мишурой
И стежки сметала
Что Фаунтлерой

Шерсть костюма Зенья
Фьорды полюса
Полоса веселья
Спи узнаешь сам

II

А когда ты летала
А потом перестала
Разве не было чувства
Что ты всё потеряла

Прямо вот там не что-то
Прямо всё потеряла
Было ли это чувство
Или зима настала

И всё переиграла
Или всё переврала
Или всё это чуждо
Было такое чувство

III

Суда раскалывают льды
И голову мою
В ней ты и я и снова ты
Навеки полон трюм

И если в минус сорок сто
Позволен алый бред
То он о том так он о том
О чем ни да ни нет

А лютый снег лицо сечет
Как в городе тогда
Не принимающий в расчет
Ни города ни льда

IV

Я норвежской старой строчкой
В нашей жизни ставлю точку
И от падающей башни
Свет теряю рукопашный

Маринованный как ангел
Мне кивает горе-Врангель
Полыхну ему лучами
Даже море опечалю

А в квартире пахнет нами
Отражаются в канале
Львы прозрачные как стекла
И вода течет мне в окна

V

Невидимка золотинка
Свет холеный накипь комнат
А ладони половинка
Никогда не станет полной

Две молекулы монадки
Граммофона алчный раструб
Два ростка в угрюмой кадке
Холодку ли верить в астру

Только было показалось
Что спокойно и упрямо

Мне тебя опережалось
Тут-то веришь гром и грянул

***

Посиди еще, будь со мной,
Просияй, как тогда весной
Цветущая сакура здесь
Сияла на город весь.

Посиди, я налью нам чай,
Память жадную освещай,
Как тихой волшебной тьмой
Могла бы нам ель зимой.

Не идти нам в леса, сады,
Повторяя на все лады,
Что дерева краток свет,
Не счесть световых лет.

Но деревьям до нас нет дел,
Они машут ветвями тем,
Кто облако, воздух, прах,
Носят нас на руках.

***

Мне мало огненной реки
Вот лисий хвост пророс
Сквозь паутину помоги
Сбывающихся ос

Мне прыгнет рыжая на грудь
Как имя в темноту
Смотри вон светится забудь
Я обниму и ту

Мне чудо этого плеча
Нужнее ночи всей
И утра шкуру волоча
Я поплыву по ней

***

Так в луже осколок бывает блестит
Но ты не заметишь идя
Так хочется алую тучу спасти
И спрятаться в ней от дождя

И камионетки насмешливый ритм
Что скачет трух-трух туру-рух
Уже не страшнее побасенок Гримм
И за морем прячется грум

Вот божьи коровки осыпались меж
Оконных бесчувственных рам
Прими их за мелкую ягоду ешь
Кромсай поперек пополам

Но что бы ни знала щербатая кость
Не выпить разбитых монет
И не догадаться каков будет гость
Из вроде бы ясных примет

***

Мучительны шаткие строки
Изнанку плашмя укусив
И ангел слетается строгий
И ветер бушует в грязи

Древесная верная тяжесть
Во сне задыхается тут
Корзинку исчадию вяжет
Но разве такие плетут

Заядлые руки любовниц
Их не было слышишь их ноль
И голос совсем не таков ниц
Так юнга запомнит пароль

Потравит попробует шкоты
Погасит веселый сквозняк
Так кто ты никто я но кто ты
Никто же ей-богу я так

***

Лоскутик и облако часики
Из дома везущие частники
И полночь сырая до дна
Как ветка в окне и весна

Молчит телефон разрядившийся
Кораблик намедни приснившийся
Бумагу свою распростер
На глади замерзших озер

Тепло в парусиновой полости
Где буквы мешаются в области
Разгадки рубля волшебства
И лед превращается в льва

Вне прайда с нестриженой гривою
С повадками люто-игривыми
Как выдал бы новый Бальмонт
И Теза крутая течет

***

Вцепляются в шерсть если видят жизнь
И замысел прочь потом
Попробуй вернись или откажись
Не умысел сжег фотон

Но правды чешуйка летя в бокал
Упряталась там надень
Горжетку ах тонкая выделка
И отблески на воде

***

Вино непривычно холодное
Надену-ка что-нибудь модное
На улицу над океаном
С желтеющим осени краном

И выйду из дома замшелого
Под властью чего-нибудь смелого
Внутри батарея теплеет
Вовне понимание зреет

Ликующих листьев конвертики
Как первые новые смертики
Того что сама охлаждала
Ошиблись тугие лекала

Поймаю небесные шарики
Возьму с придыханием на руки
И дерево вспыхнет терновым
Привычным неношеным словом

***

Маленький белый кораблик
Ищет, куда бы пристать,
Умненький глупенький траблик
Думает, где бы настать.

Пристань какую-то вижу,
Будут ли рады мне там?
Сердцу какому-то выжгу
Я за отвагу медаль.

Кто-то спешит мне навстречу,
Видимо, это и есть
То, что сперва не замечу,
Чем завершается песнь.

***

Ласточка на хайвее
Мечется, бьется в стекла,
Верю тебе, не верю,
Куртка насквозь промокла.

Так меловые скобы
К берегу льнут отвесно,
Прячется осколок
Там, где одно железо.

Или тяжелым грогом
Поит Цитера на ночь,
Вязким, как Сумароков,
Падающий навзничь.

***

А ты, смешной прибрежный памятник, очнись,
Ладони в окиси вот так вот повернуть,
Летают в воздухе, садятся на карниз,
И темя медное поманит как-нибудь.

У них, в холодном пегом мраморе небес,
Одни прожилки рассекают темноту,
Одна дорожка через самый черный лес,
Там хлопьев вылущенных будет им картуз.

И перепутает усталая вода,
Совсем как ты ее со всем, что наверху,
Тебя и тень твою, слюда, и нет следа,
И я тобою, как русалочка, теку.

***

Каждый день лисенок Лисин
На закат в окно глядит,
За рекой рысенок Рысин,
Серый друг, совсем один.

Луч последний на мгновенье
Шубу сделал золотой,
Черных кисточек антенны
Принимают: помню, твой.

Кто бы мне себя доверил,
Лишь цепочкой, как гавот,
Тихо пляшут ночью звери,
Не укроешь никого.

***

Ты как паутинка на просвет
Белый над белеющей землей
Спрятанный как тот суперагент
Вскрывшийся как озеро весной

О тебе та бабочка шуршит
В спичечном коротком коробке
Вечный колыхается самшит
Лунки роет крот или крокет

Я по ним угадываю где
Встретимся с тобой на этот раз
Будешь ты лучом или людей
Потревожишь и тогда я пас

***

Где скрываешься в дюнах ли серых
Может ты как веселая серна
Оживляешь собою саванну
Или ждешь неспроста Марь Иванну

Что ж урок зоологии начат
Вот Дроздецкая зеркальце прячет
А Подойников пишет записку
По́лно всех вызывают по списку

Кто молчит кто второго рожает
Кто с напильником за гаражами
Кто с фиалкой сбегает в петлице
Убежать бы и мне только снится

Постоянно какая-то клякса
Ната Шаль Александр Куракса
И другие невинные духи
Глянь декабрь а на улицах мухи

И не снежные вычурно глядя
А обычные крылышки сзади
Впереди стробоскопы-глаза
Будь как дома «Алёна — коза»

***

Август медленный, тело лета,
Зафильмован, как те стихи,
Возмурлычен, кота бабетта,
Ветром выдуман в полщеки,

Время вспомнить, себя пугаясь,
То ли яблока темный бок,
То ли ринуться, вновь лукавя,
Расшифровывать тот лубок,

Где в усталой воде картинка
Проявляет себя сама,
Та единственная ундинка,
То хвостатое синема.

***

Да, так скребется память в эту плоть,
В дурацкие вискозные цветы,
Ты выпростала голос, он поет,
Его интересуешь только ты.

Ты, с кончившейся пастой для мытья
Посуды, стоном холодно уже,
Его не соблазняет Сырдарья,
Амударьи напрасно неглиже.

С разорванным на локте рукавом,
Уже не существующим, не зря
Готовым стать ворсинкой, донным льдом,
Всем, чем угодно, музыкой горя.

Бежать, пока не выдохнется боль,
О пегую споткнуться немоту,
О, наконец-то лавочка, позволь,
Поговорим, присядем оба тут.

***

Цепь кованая ну раскуйся чем
Плечом или пылинкой на плече
Билетом лотереи в кошельке
Владельцем кошелька раскуйся кем

Пожалуйста смотри на мертвый вяз
Упал не удивляясь не боясь
Не постил о грядущем холодке
И ветви не протягивал руке

Лежит как будто ласточка над ним
Кружа вернула жизнь его и дым
Над ним колеблясь дышит и дрожит
И я бы так жила как он лежит

***

Так хочется вспомнить, но помнить нельзя,
В огарке себя узнавая,
Лепечут дождинка, сверчок и гроза,
Упрямая влага живая.

Пусть бусины ягод синица склюет,
Пусть сад пострадает от града,
Людей и зверей сохраняет киот,
Но помнить, запомни, не надо.

Смотри, вон туман пожирает дома,
Вон реку огни обнимают,
Во тьме из руки ускользает тесьма,
И тотчас же руку сжимают.

Идем, кто-то шепчет легко, и идет,
По каплям спускается к дому,
Машины шуршат, на обочинах лед,
Пришли, кто-то шепчет, я помню.

***

Я не устану петь твою,
Как осень, наступлю.
Ты был в раю? Была в раю,
И я тебя люблю.

Собачка, ангельчик земной,
За мячиком бежит,
Как я гонялась за тобой,
И петелька дрожит.

Какая радость, я живу
В прохладном никогда,
То апельсин, бродя, сорву,
То яблоком звезда.

Но я живу, и жизни часть,
За скобками скорбей,
«Сюда» собачке закричать
И мячик бросить ей.

***

Почты глухое окошко,
Рой ярлыков на столбе.
Вспомнится эта дорожка,
День улыбнется тебе.

Так дирижабль, устремляясь
К мачте причальной своей,
Верит в туманную завязь,
Всех направлений верней.

Так возвращается се́рдца
Стук, возвращается так,
Словно и не было бегства
На угловатый чердак.

Вот ты какой оказалась,
Я догадалась, пришла.
Буковка, жимолость, жалость
С той половины стекла.

***

И редкая капель расческа,
И солнце — всегда заодно.
Грей, жесткая осени шерстка,
Пока не остыло вино.

Так ломкий и честный кораблик
На край ойкумены плывет,
Взлетает бумажный журавлик,
Врастает в луну самолет.

Мир кажется вихрем кофейным,
Весна или осень? Бело.
И кружится школьник с портфелем
Куда тяжелее его.

***

И это, любимая, тоже сгодится
Для пристальной тяги, когда, задыхаясь,
То память пустая начнет молодиться,
То перевернется, жеманясь и каясь,

В цветах и птенцах та жасминная ветка,
Которая нам неспроста помахала,
Чулочек приспущенный, омут, субретка,
От музыки солнечной зря отвлекала.

Вот первая рифма, печальный комочек,
Горячий, как сфинкс бархатистый бесшерстный,
Сгодится и эта, а следует — хочешь? —
Кусочек военный просоленный черствый,

Труха, котелок неопознанный ржавый,
Овраг, где берцовые жмутся соседки,
И голос опомнится ими, пожалуй,
Как бабочки пыль в металлической сетке.

***

Вот он стоит со сжатыми кулаками,
С играющими на скулах желваками,
Смотрит ей вслед, прощай и не смей обратно,
Если вернусь, сама же не будешь рада.

Вот она цокает к поезду, дирижаблю,
Лодке, повозке, ракете, и ей не жалко,
Не понимаю, зачем мне к нему обратно,
Если вернется, я же не буду рада.

Вот между ними страны и континенты,
Звезды, галактики, моря эквиваленты,
Нежной соленой воды, что терзает берег,
Хочет, не хочет, верит или не верит.

***

А если воссиять
Как та невероять
Подпрыгнуть воспарить
Рот бархатный открыть

А если босиком
Проворным мотыльком
Закладкой на главе
Где навзничь на траве

Застыть огни цветут
И мостика батут
Уже не горб а лук
И пой крылатый друг

О городе пустом
Гнезде покинутом
О боли о войне
О нем и обо мне

***

Обуви кожи и замши овчинка
Белый автобус чихнет и растает
Снова затупится эта точилка
Алым шнурком трепеща обмотает

В кинематографе люди и рыбы
Сон их торопит любовь ускользает
Мы обессиленно шепчем могли бы
Да мы могли бы но шкуру кромсают

Выделка грустная чином по чину
Так в темноте мимо кожи перчатка
Я воспротивлюсь меня научили
Леску крючок и подсечку сначала

***

Старый щербатый оракул
Памяти навзничь слюда
Слов воробьиная драка
Дней нагружает суда

Лямочной пристальной му́кой
Новую технику прочь
Именно кровной и глупой
Хочет молоть и толочь

Раз на кону не монета
А дорогая сама
Долгая тайная эта
Будто обрывок письма

***

Теплый как виски слепой как сова
Твердый как старая хлебная корка
Нюх обостряет лихой аромат
Манит хихикает колет легонько

Я наглоталась фальшивящих нот
Вдребезги грохнула порчу керамик
Эти каури турист не проймет
Не освежит обонянье арабик

Вспомни вполуха вполглаза найди
В пол-языка замычи и в полноса
Снова окутай меня посреди
Многолингвальных упряжек без спроса

***

Смутным духом и телом умным
Каплям острым и льдинкам круглым
Ранкам старым коровкам божьим
Легким дымным суставам сложным

Лжи древесной породе царской
Тьме нью-йоркской и арке нарвской
Стуже рижской игле московской
И улыбке скуластой обской

Всем по серьгам монисто хватит
За шампанское память платит
Как собака ест кости мясо
Или брезгует если грязно

***

Каждая ласка с моей стороны
Выглядит будто начало войны
Лунные отблески метят углы
Белый эрцгерцог летит со скалы

Вот бы змеей целовать и ползти
По фильдекосовой алой кости
Анной бросаться Наташей рожать
Троллингом толстым в овраге лежать

Сосны мерцают ржавеет солдат
Зверий ребенок пригож глуповат
Нюхает воздух чихает вода
Ты моя радость любовь навсегда

***

Как тот пионер с неистлевшим значком,
Стоит наша общая память торчком,
И ей не лежится, неймется,
Как будто бы что-то найдется.

Всё вынуто, спето, употреблено,
Ан нет, раскрывается с треском окно
И молит: смотри в меня снова,
В кроссворде пропущено слово.

Какие, к хвостатому, могут слова
Быть там, где давно колосится трава,
Где ходит блондинка с косою,
Аральской колючее соли.

Ну разве что это, как ты замолчал
В ответ на ой, кажется, кончился чай,
Ты спал, я несла одеяло,
От ветра окно закрывала.

***

Небо темнее обычного
Еле огнями подсвечено
Плавает в копоти вычурной
Вечером милая вечером

Устрицы тельце соленое
Веками-створками хлопает
Стыдное злое влюбленное
Около милая около

Звери бумажные шепчутся
Кто-то сгорает не жалуясь
Кто-то рождается жемчугом
Алая милая алая

***

Я ушла, непогода осталась,
Утро смотрится в первый ледок.
Не сирень и не жимолость, малость,
Шелуха и сухой хоботок.

И дрожит соловьиная шейка
Не в саду, а в остывших стихах,
Словно в банке чужая ячейка,
Чей хозяин навеки в бегах,

В тех краях, где простуда и слякоть,
Ядовитые вишни порой,
И откуда письмо намаракать
Не судьба, непотерянный мой.

***

Танцуешь, живой и смешной,
Дай пять, поведи за собой.
На цапельной ножке одной
Постой еще, слышишь, постой.

У нас тут потоп без тебя,
Трещит и гуляет паркет.
Я думаю, может быть, я
Мечтаю пробиться на свет.

Живу и гуляю, трещу,
Винил устаревший верчу.
То лилии бросить спешу,
То снова тебя насмешу.

***

Всё как раньше раньше чтобы
Мотылек летел почтовый
Ветер гасит сигарету
Для тебя цидули нету

Что же бабочка беглянка
Есть особенная склянка
Чуда дрожжи страсти хлебцы
Чухари кайваны вепсы

Ты неси меня из лимба
Перечисленного мимо
В те края я ни ногой как
Там легко легко и горько

***

Да я ушла и сказала да
Ярким щеглятам леталось всласть
Тысячи верст и вокруг вода
И никому о нас не узнать

И никому не летать над тем
Что залатало себя само
Страшно приветствовать новый день
День никогда не пришло письмо

Страшно горячую память лить
В горло как будто она еда
Лучше беречь удержать хранить
И я не просто сказала да

***

И не то что мучит зной
Просто верю пустоте
Так мечтает суп грибной
Сбыться в талой полноте

Ветки тянутся к огню
Видно высохли не зря
И бродяге февралю
Не хватает февраля

Сладко ножичком срезать
Дома хвастаться потом
Никому не рассказать
Об огне сухом пустом

***

Сколько ни печалься, ничего не говори,
Сколько эту радость ни удерживай внутри,
Атомное облако большой любви
Вспыхнет над ни в чем не повинными людьми.

Это живородное слепое волшебство,
Каждый день сжигавшее себя само,
Огонек ионный, что себя пересоздал,
Что не разгадает академик Мигдал.

Пустыри, хрущевки, небоскребы, моря,
Августа тревога, темнота ноября,
Луч бежит по лункам белой немоты,
Я не виновата, если это ты.

Я предупредила, будешь пионер,
Книголюб, мечтатель, небесный землемер,
Насмерть облученный и покинутый людьми,
И, когда спасешься, берегись любви.

***

Чем память хороша она прозрачна
На вид тиха и более невзрачна
Чем серые сараи под окном
Однако же один из них твой дом

Допустим открываешь выпиваешь
И мир уже не так воспринимаешь
Глядишь себе в окно наморщив лобик
А там горит огнями небоскребик

Такая жизнь внутри его клубится
Вот кто-то вознамерился родиться
Вот менеджер костюма не снимая
Витийствует на кнопки нажимая

Смотря на эту жизнь благоговейно
На эту жизнь достойную ван Рейна
Отточенную близкую такую
Я тихо в одиночестве ликую

Я буду до утра смотреть на это
И милый небоскребик как ракета
Как некогда сестра на курьих ножках
Исчезнет в небе беленькой дорожкой

***

Самый бедный, милый голос
Я упрячу побольней,
Ради этого, такого,
Что погонится за ней.

Ради льдинки на ладони,
Слова южного люблю,
Ради нулика в фотоне,
Марсианки мурлуу.

Слушай радио, частичка,
Четки высуши, волна,
Отражай себя, водичка,
Спи, холодная страна.

***

Ветер угас, видно, дуть устал,
Отдал покой волне.
Рыбу нечаянно кот поймал,
Спавшую на дне.

Утка дорогу перешла
С выводком утят.
Смотришь на стаю: так тяжела,
А как легко летят.

Вот, раскрывая себя, цветок
Муку простил всем.
И не увяз еще коготок,
И океан нем.

***

Ты была почтовый голод
Не испуганная свечка
А смешной песочный холмик
И луны моей колечко

Шестеренка и масленка
И горошина на блузке
Птичьих глаз тугая пленка
Негатив лукавый узкий

Мастерок и домовенок
Где-то там канатоходец
И надтреснутый спросонок
Голосок высоких горлиц

Сон за пазухой открытка
С чьим-то счастьем на изнанке
Золотая то ли рыбка
То ли просто отблеск в банке

Батюшков

Расскажи чему кому
Не остаться одному
Был безумен и болел
Ворвань сныть на завтрак ел

Укажи о ком о чем
Бьет безмолвие ключом
Подарил себя одной
Нимфоманке записной

Покажи не забывай
И луны не признавай
Было просто не с кем ей
Оказаться дю солей

Или просто сон зачах
Как не может торт чак-чак
Или стал его Левкад
МКАД

***

Ты кружишься и превращаешься
В Римини себя самого
Опомнишься снова отчаешься
И так и не знаешь всего

Зачем обуздал тебя голосом
Смешил а потом перестал
Чертенок со спичкой и хворостом
От рожек умен до хвоста

Затем что грудине пустеющей
Не терпится сны залатать
И ласточке в воздухе реющей
Теперь не наскучит летать

Над арками или колоннами
На кончики пальцев садясь
И радуясь что не холодными
Остались уже превратясь

***

Разноцветные бусины гаснут
В переливе воды и огней
Ты напрасна конечно напрасна
И конечна и обруч за ней

Обезумев от зноя и яда
Не погонишь ребенком с Морской
И кистями того винограда
Не насытишься вновь на Тверской

Молодая как деревца шкура
Долговечная как кожура
Ты со мною со мною покуда
Рыбу новую мечет игра

Ах печали консервная банка
Ах сардинки щербатая жесть
Ах любви золотая изнанка
Ни догнать ни запомнить ни съесть

***

Дождь прошел, и болеть перестало,
Небо облако перелистало,
Вместе с каплями стряхивал белку
Душный ветер, качающий ветку,
И по лужам большими скачками
Прыгал пущенный мальчиком камень.

Столько лет миновать эту арку,
Приводящую улицу к парку,
Видеть белок, детей, землю, кроны,
Проходить шагом мерным и ровным
С равнодушным лицом иностранца,
Как под аркой сухое пространство.

***

Мама приготовит трамвай на завтрак,
Фартуком накроет, чтобы не черствел.
Рядышком поставит пульверизатор,
Чтобы фартук тоже не заржавел.

Почему-то холодно, всё время холодно,
О́кна не продышишь, не согреешь сном.
В глубине вагона сияет, как золото,
Твой платок оранжевый, завязанный узлом.

Едем: Поликлиники — «Мечта» — Школа —
Площадь Славы — Универсам — Завод —
Пихтовые горы — Спортивная — скоро
«Отдых» и Конечная, дальше не идет.

Я не навсегда же останусь маленькой,
Вырасту и рельсы проложу туда?
Это же нормально, скажи, нормально,
Что я буду помнить тебя всегда?

***

Окунь однажды с корюшкой не поладили,
Экая невидаль, стоило ли писать.
Это попало в историю рыб Гренландии,
Льды раскололись, небо вернулось вспять.

Вот оно смотрит на гнейсы, граниты, айсберги,
Млечные реки, воздушные берега.
Кто-то у самого моря оставил валенки.
Северный купол, возвышенные стога.

Чей-то привязан ялик, листва качается,
Хоть и должно не быть никакой листвы.
Рыбная ловля отныне не прекращается,
Парус белеет у сахарной головы.

Окуня тысячу лет как простила корюшка,
Видишь, она приплыла наконец сюда,
За окаянное море, за горе-горюшко.
И, в самом деле, всюду вокруг вода.

Это попало в историю, географию,
Физику, химию, литературы пыль.
И я на этом грустный рассказ сворачиваю,
Чтобы его не приняли за быль.

***

Ты ходишь из комнаты в комнату
От холода к новому холоду,
Дыханье похоже на лужицу,
Ты вновь улыбаешься ужасу,

В руке пузырек от шампанского,
На полке Августа Даманская,
Луна довершает картину,
Не стимул, а всё-таки стимул.

Тем жизнь от огня отличается,
Что жизнь безусловно кончается,
Лежит, как письмо без конверта,
Не веря в возможность ответа,

Недвижима, в боли и радости,
В холодных объятиях праздности,
Как стебель угасший бенгальский,
Как жук перевернутый майский.

***

Соткешь и распустишь веселый лоскут,
Что выдумать рану мешал
И самый тернистый и колющий путь
В пути неспроста украшал,

Мой новый, летучий, свободный, пустой
Стекла голубого клочок,
Пушистый без пуха, беги за собой,
Себе утыкаясь в плечо,

Кожурка спасения, воздуха змей,
Которому жарко держать
Смеющийся шар на ладони своей,
И он улетает опять.

***

Ты фаланга, я фаланга,
Если кто-то умирает,
Я поверю в это, ладно,
Бог в жестянку собирает
Пусть персты старообрядца,
Не по росту эта ряса.

Ты Ива́нов, я Ива́нов,
Риги дюны над тобою,
Будет холодно уланам,
Я их Гоголем накрою,
Ведь легко, когда ты рядом,
Жить и петь своим порядком.

Ты осколок, я простушка,
Я не видела синее
Твоего чужого ушка
В очертаньях скарабея,
Лишь звезды непостоянство,
Потолок Москвы и глянца.

Ты болячка, я ножовка,
И по улице прованской
Спотыкается ножонка
О булыжник боли-ласки,
В реку падает, смеется,
Той беде не достается.

Ты щучонок, я щучонок,
Кенгуру пришел с ночевкой
И избавил от печенок,
Был прыжок весьма отчетлив
Из какого-то кошмара,
Ты не в бане, мы не пара.

***

Ветер пробует скрываться,
Как голубка в кронах темных,
По-другому называться,
Виться в ночи веретенах.

Светляки его поймают,
Белки чуткие проснутся,
Ветвь нечаянно сломает,
Испугается вернуться.

И приходится метаться —
То на север, то на запад,
То сирокко оказаться,
То мистралем послезавтра,

Чтобы выдохнуть однажды
Свежим ландышевым утром
Пыл прощения и жажды,
Сбыться парусом надутым.

***

Ты стемнел, а я мертва,
Но платаны всё роняют
Те созвездия-слова:
«Человеки не стемняют».

Посмотри и возродись,
Ничего, что пепла горка,
Ветер всё уносит вниз,
Вырастает вновь махорка.

Белый облак маслом ши,
Тихой нежностью загладит
Остроту былых вершин,
Дыры в отданной тетради.

***

Какому ты нравишься бреду,
Мучение вновь усыпя,
Кто шепчет я скоро приеду
И помнит целую тебя,

Напротив, сознание ясно,
Яснее и быть не могло,
Сегодня на улице грязно,
А завтра умоют стекло,

Машин поливальные челки
Разбрызжут холодный рассвет,
И день округлится, отчетлив,
Как этот полуночный бред.

***

Ветер вылущит соль из книг
Только двое прочтут двоих
На исподнем одной коры
Влажном лубе древесных рыб

Через оболонь южных мачт
Сок подземный течет горяч
Как бывает внутри всегда
И живица уже тверда

СОДЕРЖАНИЕ

«Вернись ко мне молчание...» 5
«Чтобы облако клубилось...» 6
«Я заживаю, ну, то есть, жить начинаю...» 7
«Ты тлела напрасно чтоб чувствовать жмых...» 8
«Каких бы объятий ни стоил мне...» 9
«В теплых округлых краях...» 10
«О том как мы были тогда одни...» 11
«Эту нежность не избыть...» 12
«Словно русалка...» 13
«Эти огни погаснут...» 14
«Оставь его поверх скитания навек...» 15
«Вечер согрелся...» 16
«Никогда не пей с вомбатом...» 17
«Дорогое и щекотное...» 18
«Мне снова близок пешеход...» 19
«Как розовый закат...» 20
«Я ветер, летаю...» 22
«Что-то чудное долго над ...» 23
«Укрыться за листьями вплавь...» 24
«Если услышишь снег...» 25
«Я пью за бессонные лайки...» 26
«Воздух лег спать...» 27
«Ветер огню сродни...» 28
«Беги от радости, беги...» 29
«Это воспоминание гаснет рано...» 30
«Да здравствует приманка...» 31
«Есть только эти искры...» 32
«Ветер порывами с севера...» 33
«Голодный воздух сентября...» 34
«Умрет дорогая тьма...» 35
«Говорила с погодой подолгу, бывала плавной...» 36
«О том кто не потерян навсегда...» 37
«Ловись, копченая плотва...» 38
«Я сперва на воду дую...» 39
«В ниточке тьмы растворяется...» 40
«Хтонь охватная подножная труха...» 41
«Где горячка и улыбка...» 42
«Я выбрала себе такую темноту...» 43
«Он и черен и глазаст...» 44
«Сердце выжато вот на ладони...» 45

«Остался только свет…»	90
«Море выгнется, как парус…»	91
«Звезды боятся взгляда…»	92
«Облако звезды укрыло…»	93
«Боль, как луна…»	94
«Холод его подруга…»	95
Колыбельная северному гидрографу	96
«Посиди еще, будь со мной…»	99
«Мне мало огненной реки…»	100
«Так в луже осколок бывает блестит…»	101
«Мучительны шаткие строки…»	102
«Лоскутик и облако часики…»	103
«Вцепляются в шерсть если видят жизнь…»	104
«Вино непривычно холодное…»	105
«Маленький белый кораблик…»	106
«Ласточка на хайвее…»	107
«А ты, смешной прибрежный памятник, очнись…»	108
«Каждый день лисенок Лисин…»	109
«Ты как паутинка на просвет…»	110
«Где скрываешься в дюнах ли серых…»	111
«Август медленный, тело лета…»	112
«Да, так скребется память в эту плоть…»	113
«Цепь кованая ну раскуйся чем…»	114
«Так хочется вспомнить, но помнить нельзя…»	115
«Я не устану петь твою…»	116
«Почты глухое окошко…»	117
«И редкая капель расческа…»	118
«И это, любимая, тоже сгодится…»	119
«Вот он стоит со сжатыми кулаками…»	120
«А если воссиять…»	121
«Обуви кожи и замши овчинка…»	122
«Старый щербатый оракул…»	123
«Теплый как виски слепой как сова…»	124
«Смутным духом и телом умным…»	125
«Каждая ласка с моей стороны…»	126
«Как тот пионер с неистлевшим значком…»	127
«Небо темнее обычного…»	128
«Я ушла, непогода осталась…»	129
«Танцуешь, живой и смешной…»	130
«Все как раньше раньше чтобы…»	131
«Да я ушла и сказала да…»	132
«И не то что мучит зной…»	133
«Сколько ни печалься, ничего не говори…»	134

«До нового цветенья...» 46
«Один на один со столбом...» 47
«Из легкого ужаса соли по горло...» 48
«Ничего не срочно...» 49
«Я светом каменным мигну...» 50
«За что бы еще мне простить тебя...» 51
«Древние островитяне Тихого океана...» 52
«С этими последними коленцами...» 53
«Убегаешь убегаешь...» 54
«Неспроста телефоны бьются...» 55
«Отломилась цветущая ветка...» 56
«Вот и августа яблоко полнится сном...» 57
«Там шелк небывалый немного подрагивал...» 58
«Ты будешь таким как во сне...» 59
«На улицу на воздух...» 60
«Как ушла я как бежала...» 61
«Неба жадная просфора...» 62
«Тебе сто лет и влажность шестьдесят...» 63
«Вот дождь он кусает подумав...» 64
«Жива и тут осечка...» 65
«Этим небом на паркете...» 66
«Дно северной реки подбито льдом...» 67
«Пока летит несчастный фунт...» 68
«Как падает небо в огромный...» 70
«Ты усни не отвечай...» 71
«Разъедутся бархатными ушами...» 72
«Так город будет рад...» 73
«Свет утра, сложен из...» 74
«Четыре минуты экранного времени...» 75
«Сердце стукнет и вспомнит рука...» 76
«Волна волне тверда твердит...» 77
«Испанка я иль нет...» 78
«Лепесток шиповника как выпавшее сердце...» 79
«Летяга-маечка очерчивает дых...» 80
«Наутро какого-то дня...» 81
«Я верила стихи изменят что-то...» 82
«Если спуститься до самого дна...» 83
«Я не знаю помогло...» 84
«Замыкая мрак дверной...» 85
«Насчет того что память это ложь...» 86
«Пусть городу снится снег...» 87
«Ты думаешь кончится счет...» 88
«Голос тринидадского мотмота кажется печальным...» 89

«Чем память хороша она прозрачна...» 135
«Самый бедный, милый голос...» 136
«Ветер угас, видно, дуть устал...» 137
«Ты была почтовый голод...» 138
Батюшков 139
«Ты кружишься и превращаешься...» 140
«Разноцветные бусины гаснут...» 141
«Дождь прошел, и болеть перестало...» 142
«Мама приготовит трамвай на завтрак...» 143
«Окунь однажды с корюшкой не поладили...» 144
«Ты ходишь из комнаты в комнату...» 145
«Соткешь и распустишь веселый лоскут...» 146
«Ты фаланга, я фаланга...» 147
«Ветер пробует скрываться...» 148
«Ты стемнел, а я мертва...» 149
«Какому ты нравишься бреду...» 150
«Ветер вылущит соль из книг...» 151

www.ingramcontent.com/pod-product-compliance
Lightning Source LLC
Chambersburg PA
CBHW061950070426
42450CB00007BA/1116